LA PREMIÈRE

AUX

DOCTRINAIRES

—

LES CONSPIRATIONS.

Paris. — Typographie de Firmin Didot frères, fils et Cᵉ, rue Jacob, 56.

LA PREMIÈRE

AUX

DOCTRINAIRES

LES CONSPIRATIONS.

Omnia serviliter pro dominatione. — Tacite.
(Cité par le Cte Molé, 1839.)

———————◦——————

PARIS

DUSACQ, LIBRAIRE-ÉDITEUR
RUE SAINT-BENOIT, 25

GARNIER FRÈRES, LIBRAIRES | BESTEL ET Cie, LIBRAIRES
PÉRISTYLE MONTPENSIER | RUE DE LA BOURSE, 17

1858

LA

PREMIÈRE AUX DOCTRINAIRES

Omnia serviliter pro dominatione. — TACITE.
(Cité par le Cte MOLÉ, 1839.)

I

L'air est tout murmurant de rumeurs de salon, d'agitations de coulisse, de conciliabules de cabinet, de nouvelles à l'oreille, d'intrigues de canapé. Il n'est bruit que de courses à toute vapeur sur les railwais et à travers les détroits, de coalitions de frères ennemis, de négociations d'outre-Manche, de pèlerinages à des tombes, de visites à des princes, d'offres à des prétendants, de recrudescences de fidélité, de résurrections de dévouement et de prophéties d'*Almanach liégeois*.

Ici on fait les malles et on corrige les épreuves d'un autre *Voyage sentimental ;* là on prépare une seconde édition du *Moniteur de Gand ;* ailleurs, sans les décimations de la guerre et du soleil de l'Inde, on ver-

rait poindre un nouveau duc de Wellington dans quelque marquis de Wellesley ; et, sans les désespérantes
merveilles de la guerre de Crimée, certains patriotismes
appelleraient volontiers un autre canon de Waterloo
pour refaire les fonds publics et détraquer les con-
sciences.

Mais, pour sûr, on escompte les catastrophes, on fait
grand fonds sur Mazzini. Tant il a été causé de ravages
dans les notions les plus simples de la moralité humaine par les sophismes et les théories des *Conspira-*
tions et de la *Peine de mort en matière politique!* « Re-
« tirez des actions incriminées par nos codes l'aversion
« morale qu'elles inspirent, disait M. Guizot; qu'on
« les croie innocentes, et vous verrez si toutes les
« habiletés de la police et toutes les rigueurs du pou-
« voir suffiront à les prévenir; car la peine suppose
« le crime, et si la supposition n'est admise, son effi-
« cacité morale disparaît. » Tant les gens qui, sous la
monarchie de Juillet, avaient le régicide en légitime
horreur, trouvent naturelle et sociale aujourd'hui
cette apologétique d'un historien ministre du roi
Louis-Philippe : « Des républicains qui croyaient voir
« un nouveau César, a écrit M. Thiers, pouvaient s'ar-
« mer du fer de Brutus sans être des assassins : il y
« a une grande faiblesse à les en justifier. »

Du reste, existe-t-il quelque part, dans son coin, un
général qui « demeure profondément enveloppé et obs-
« cur, qui agisse et parle souvent dans des sens con-
« traires, qui mente avec une fermeté froide dont sont
« troublés ses plus intimes affidés, » ce général-là est
aussitôt désigné de l'œil et à mi-voix, comme une incar-

nation possible des trahisons du Monck dont, en 1850,
le chef de la Doctrine avait publié l'histoire. On ne se
souvient plus des mécomptes causés par le *Taciturne*,
dont à cette même époque, la flagornerie avait fait un
héros taillé sur le patron des hommes de Plutarque, et
qui a disparu un matin, comme un caporal de hasard,
dans le ridicule et l'impuissance de ses rodomontades
de tribune, et de ses airs de pourfendeur.

En attendant, pour se faire la main et les accom-
moder aux circonstances, on relit le livre *Des conspirations* et celui *De la peine de mort en matière politique*.
Livres charmants qui avaient fourni, contre la royauté
de 1815, des enseignements et des maximes que la justice expiatoire de l'ordre moral a retournés contre leur
auteur et contre la royauté de 1830 ; lesquels avaient été
repris, en sous-œuvre, contre la république de 1848, et
dont il est espéré beaucoup contre le second empire. On
provoque des mésintelligences, on attise des suscep-
tibilités, on ménage des ruptures, on compromet des
alliances, on trafique d'engagements, on tient bouti-
que de défection pour les mécontentements, d'ad-
mirations et de coups de chapeau pour les gloires
repues, de tarifs pour les insatiabilités, de miroitements pour les ambitions de tout étage. Il court des
tableaux de reconstitution de pairie ; d'anciens grands
électeurs pointent déjà sur la carte les vieux bourgs
pourris des conservateurs-bornes ; des lettres closes
pour nos seigneurs les évêques de France n'attendent
plus que la signature ; appel est fait au ban et à l'ar-
rière-ban de tous les courages, de tous les dévoue-
ments, de tous les mécomptes, de toutes les cupidi-

tés, de toutes les bonnes volontés d'autrefois, oubliées ou méconnues, pour remplir les vides faits par la mort ou par la décrépitude sur la liste stéréotypée des ministères déchus de fusion, de conciliation, de transition, de coalition, de conservation et de réaction. Tous les matins, la poste emporte aux quatre points du sol des blancs-seings de nominations *in partibus*, d'investitures d'*en cas* pour préfets, sous-préfets, maires, adjoints, juges de paix, gardes champêtres, sacristains et sonneurs de cloches. Les avancements dans l'armée, dans la magistrature, dans les finances, dans les télégraphies, tombent en pluie de promesses sur quiconque tient le nez au vent pour voir passer les signes annoncés dans le ciel.

En dédommagement et revanche de l'insuccès des mariages espagnols, après lesquels on devait retourner, à l'usage de la branche cadette, le fameux : *Plus de Pyrénées* du Louis XIV de la branche aînée, on fait grande confidence à tout venant d'un projet de mariage qui permettrait de dire : *Plus de détroit!* On ne rentrerait plus ainsi en croupe d'un Cosaque de Platow, ou dans les fourgons d'un Prussien de Blücher; mais on serait poussé sur les rives de France entre deux ballots de dentelles de Malines et de voiles d'Angleterre. Il est tenu aussi en portefeuille des modèles de déclarations de Saint-Ouen, et une collection de chartes octroyées, revues et amendées par des chartes bâclées. Rien ne manque, tout est prévu, arrangé, préparé pour le grand coup de théâtre qui doit restaurer à vue la face et la politique de la société du Milieu. Les acteurs sont à leur rôle, les comparses à

leur rang, le souffleur à son trou, on n'attend plus
que le coup de pistolet du machiniste.

Ah ! le savant et vénérable auteur de *la Science sociale*, M. Colins, a eu grandement raison de dire que
« l'esprit de parti est mille fois plus extravagant que
« l'orgueil national », dont le comte de Maistre avait
écrit que « poussé à bout il dévorera les plus épou-
« vantables absurdités plutôt que de reculer. » Et le
même comte de Maistre a eu non moins grandement
raison de dire : « Tout est vrai, tout est faux au gré
« de l'esprit de parti ; il prouve ce qu'il veut, il se mo-
« que de tout, et ne s'aperçoit jamais qu'on se mo-
« que de lui. »

Doctrinaires, vous avez la parole et la main dans
tout cela.

Doctrinaires, vous conspirez.

II

Ne jouez pas le dédain, ne criez pas à la calom-
nie.

Vous êtes aujourd'hui ce que vous étiez hier ; au
pouvoir comme dans l'opposition, au gouvernail
comme sur la bouée de sauvetage. Vous faites aujourd'hui ce que vous avez toujours fait ; vous conspirez en 1858, sous l'empire, comme il y a dix ans
vous conspiriez sous la république, comme il y a
trente ans vous avez conspiré sous la royauté de la
branche aînée, comme en 1839 et autres millésimes

vous ébranliez de vos intrigues et de vos coalitions le
trône de votre royauté de la branche cadette. Le plus
célèbre d'entre vous, celui que, du vivant même de
l'illustre Royer-Collard, qui vous avait reniés, vous
prîtes pour chef, M. Guizot, le voulant ou non,
dans son livre *Des conspirations*, a mis sur la voie de
cette pente secrète : « Qui ne sait, a-t-il dit, la puis-
« sance des préoccupations de l'esprit humain ? Quand
« une idée le possède, quand il s'acharne à quelque
« projet, tout s'y rattache, tout en dépend. Le plus
« faible lien, le rapport le plus éloigné, lui offrent
« l'apparence d'un incontestable et rigoureux enchaî-
« nement. »

C'est bien vous ! c'est bien lui !

Sous la royauté traditionnelle, comme sous la
royauté élue, l'idée qui vous a toujours possédés,
c'est l'idée du pouvoir : ambition de le prendre, désir
de le garder, regret de l'avoir perdu. Le projet auquel
vous ne cessez de vous acharner, c'est de l'occuper
quand d'autres le tiennent ; c'est d'y remonter quand
vous en êtes tombés, ou tout au moins d'en tirer pied
ou aile si vous n'en pouvez mettre à votre chapeau
les plus belles plumes. Pour cela, depuis plus de quarante ans, tout vous a été bon : — le sophisme et la vérité ; les promesses et les trahisons ; la plus ténébreuse
confusion de doctrines et les subtilités les plus puériles de leur distinction ; l'affirmation et la négation in-
termittentes de tous les principes ; les paix plâtrées et
les hostilités masquées ; les paroles hautes et les actes
infimes ; les sourires de l'obséquiosité et les regards
du dédain ; les fictions de la liberté et les réalités de

l'arbitraire ; les affectations de l'austérité la plus re-
vêche et le cynisme de la morale la plus facile ; le désintéressement le plus rogue et la corruption la plus
basse ; les aspirations du progrès les plus larges et
les mouvements de recul les plus prononcés ; les ac-
couplements les plus dissolvants d'idées et de mots,
d'hommes et de choses, et les exclusions les moins
justifiées d'affinités capables d'unir et de fortifier ;
l'esprit d'opposition le plus effréné et le servilisme
le plus scandaleux ; les violences et les amertumes
les plus puritaines, et les apaisements les plus hum-
bles et les hommages les plus courtisanesques.

« *Omnia serviliter pro dominatione!* » vous fut-il
crié, aux jours de l'une de vos coalitions les plus
anarchiques dans les annales du parlementarisme.
Tombé du haut de la double échelle de l'opposition
et du pouvoir, dont vous aviez fait le pivot de ce que
vous appeliez le jeu régulier des institutions constitu-
tionnelles, et au bas de laquelle vous vous teniez alors
dans la position du renard de la fable, ce mot de
Tacite vous est resté attaché au front comme la carac-
téristique indélébile de vos ambitions et de vos convoitises.

Au demeurant, cette pente sur laquelle vous vous
précipitez n'est pas exclusivement la vôtre ; elle a été,
est, et sera fatalement celle de tous les hommes qui
se disputent en ce monde la domination des idées et
des choses. Aussi a-t-il été dit avec raison de nos
soixante et quelques dernières années, que la révolution était un drame qui avait eu bien des héros, et dans
lequel, à la fin de chaque acte, les personnages qui

avaient joué les principaux rôles étaient refoulés dans
les chœurs où, gémissant et récriminant, ils faisaient
de grotesques efforts pour remonter sur la scène.

C'est justement là que vous en êtes, ô Doctrinaires!
votre conspiration d'aujourd'hui n'est qu'un anachro-
nisme de vos coalitions et de vos conspirations d'autrefois et d'hier.

Voyez plutôt.

III

Sous la Restauration on conspirait avec ardeur, avec
enthousiasme, avec foi, dans des espérances d'avenir
qu'on entrevoyait vaguement à travers de généreuses
aspirations vers un monde nouveau de liberté et d'égalité, avec des haines et des terreurs fiévreuses d'un
passé de privilége dont on croyait voir les boutures re-
verdir sur les ruines qui le couvraient.

On conspirait parce que l'étranger avait envahi et
humilié la France; parce que la royauté de droit divin,
qui avait eu, selon l'expression de Chateaubriand,
« pour carrosse de son sacre les chariots d'ambulance
« remplis de nos grenadiers mutilés, » n'avait jamais
reposé que sur une hypothèse dont la Foi était la sanction, et que l'Examen, de plus en plus incompressible
depuis trois siècles, avait tué la Foi.

On conspirait parce qu'on avait aimé ou servi l'Empire; parce qu'on était l'ennemi des Bourbons, et aussi
l'ami des d'Orléans; parce qu'il y avait des menaces

contre les principes de 89, et des insultes contre le drapeau de la République et de l'Empire.

On conspirait parce que la France, rejetée également hors des voies battues de l'ancien régime et des voies nouvelles de la révolution, en était réduite à s'escrimer sans but fixe, sans issue certaine, dans des luttes interminables contre les formes discoureuses et paperassières d'un gouvernement exotique qui n'avait point de racine dans sa constitution traditionnelle, qui n'était ni le développement de son esprit, ni l'expression de ses mœurs.

On conspirait parce que la France, disait-on, était centre gauche, et que le gouvernement était aux mains des hommes de la droite, sans que la royauté voulût consentir à donner la garde et la conduite de la monarchie bourbonienne aux révolutionnaires qui l'avaient proscrite et qui, journellement, dans les *ventes* des sociétés secrètes, lui juraient haine et mort sur des poignards.

On conspirait parce que, après l'épouvantable cataclysme qui avait jeté la société hors de ses fondements et fait dans tous les cerveaux un anarchique mélange de lumière et d'obscurité, il n'y avait pas des ressources pour tous les besoins, des fonctions pour toutes les convoitises, des sphères pour tous les déclassements.

On conspirait surtout parce que l'aristocratie de parchemin, de grand nom et de belles manières, regardait et traitait de haut l'aristocratie du compte courant, de la fabrique et du papier timbré.

On conspirait pour tout et à propos de tout ; parce qu'on était jeune et parce qu'on était vieux.

On conspirait pour conspirer.

Dites-nous un peu, par exemple, pour qui et pour quoi M. de Lafayette fut le meneur patenté de toutes les conspirations d'alors ? Pour une république ? on le disait. Pour une présidence ? on le pensait. Et voilà que, tout précisément, le jour où une révolution lui met dans les mains une république et une présidence, il conserve la monarchie et fait un roi.

C'est là, du reste, ce qui, plus qu'en aucun autre temps, a démontré la justesse des définitions modernes de ce qu'on est convenu d'appeler hommes populaires.

« HOMMES POPULAIRES : Instruments d'un parti,
« sans valeur par eux-mêmes ; — drapeaux flottants
« aux mains de coteries remuantes et ambitieuses ;
« —nullités qui ne sont choisies, prônées, illustrées,
« que parce que les intrigants qui les exploitent les
« savent faibles, dociles, dévouées, aptes à se donner
« les apparences du commandement, lorsqu'en réa-
« lité elles ne sont que des machines d'obéissance
« aveugle. »

On les appelle aussi : « Roseaux peints en fer. »

IV

Doctrinaires, vous étiez dans ces intrigues, dans ces coteries, dans ces conspirations, sous ces dra-peaux flottants, à la suite de ces popularités de Ra-

tons dont vous étiez les Bertrands. A eux les voya-
ges, les honneurs, le bruit, les épaulettes, les grands
plumets et l'action tapageuse, et aussi les doigts brû-
lés et les périls de la place de Grève ! à vous l'action
discrète, le conseil, la pensée, la parole, la disserta-
tion et la quiétude sur le canapé de votre cénacle ! à
vous surtout la jeunesse que vous endoctriniez par la
philosophie, par la littérature et par l'histoire, du
haut de vos chaires de Sorbonne, et par la polémique
dans les journaux et dans les brochures. Vous fûtes
les théoriciens de la conspiration, les dissertateurs de
la peine de mort en matière politique, les casuistes
cauteleux de l'interdiction légale et de la tolérance morale, de l'incertitude entre l'action criminelle par
elle-même et l'opinion qui la regarde comme méri-
toire ; les tacticiens de la permanence de l'état de
guerre entre le pouvoir et les partis.

— « Que tout ce qui n'est pas *légalement* défendu se
« trouve tout à coup *moralement* permis, disait
« M. Guizot ; que les citoyens ne se croient plus au-
« cun frein partout où ils ne verront pas l'échafaud,
« l'amende ou la prison, la société sera aussitôt dis-
« soute... »

— « Dès que la moralité d'une action n'est pas évi-
« dente, ajoutait M. Guizot, dès qu'il y a lieu à la
« moindre incertitude, les passions, les calculs, tout
« se cache sous des opinions ; tout se résume et se
« métamorphose en idées... Et quoi de plus aisé,
« après un bouleversement énorme que de se former
« ainsi une croyance qui prête son appui à l'hostilité
« contre le pouvoir ! »

— « Si les ennemis du pouvoir, écrivait encore le chef
« de la Doctrine, conviennent qu'il a droit de les pu-
« nir; s'ils reconnaissent qu'il a droit de déployer con-
« tre eux la force dont il dispose, c'est qu'ils ont pris
« le parti de se considérer avec lui comme en état
« de guerre. Dès lors, tout lien social est rompu. Ce
« n'est plus ni de lois ni de châtiments qu'il s'agit. Les
« complots sont des embuscades, les supplices des
« défaites ; le gouvernement a perdu sa position mo-
« rale. Il est descendu sur le terrain de la force; tout
« est égal entre lui et ses ennemis. Comme il a droit
« de se défendre, on a droit de l'attaquer. Il ment
« s'il réclame l'obéissance ; on ment si on lui demande
« justice. Tout cela appartient à la société, et la so-
« ciété est dissoute ; il n'y a plus que la guerre avec
« la liberté de ses armes, la continuité de ses périls
« et l'incertitude de ses résultats. »

Dans les lignes qui vont suivre, le maître de la Doctrine se posait en professeur d'escrime et de botte
secrète de l'opposition militante et armée, dans son
duel contre M. le bourreau chargé du dernier mot de
la logique du pouvoir.

« La vérité, disait M. Guizot, se glisse lentement
« dans l'esprit du pouvoir, et quand elle y entre, ce
« n'est pas pour y régner aussitôt; il refuse long-
« temps de la croire ; forcé de la croire, il refuse
« longtemps de lui obéir... Précisément à cause de
« cela, il faut, quand le pouvoir se trompe, se hâter
« d'en convaincre le public ; d'établir dans l'opinion
« ce qui ne pénétrera que si tard dans les faits. Plus la
« route est longue, plus on doit se mettre en marche

« de bonne heure; on peut alors, avant d'arriver, ob-
« tenir quelques résultats... La société est faite aujour-
« d'hui de telle sorte que le pouvoir est à demi vaincu
« quand le public juge qu'il a tort. Il a beau persister, en
« persistant il hésite, il se sent en présence d'une force
« qui lui manque. Peu à peu l'opinion qu'il combat
« l'envahit lui-même ; il ne cédera pas encore, mais
« il hésitera davantage. D'abord la crainte, ensuite
« le doute jetteront le trouble dans son action. Il sera
« timide et fera des fautes en usant d'un moyen que
« la société réprouve, auquel lui-même ne croit plus.
« IL FAUT LE POUSSER VERS CETTE SITUATION. Il faut mettre
« ses erreurs en lumière ; quand le jour les aura
« frappées, la force qu'il s'en promet sera d'un em-
« ploi plus difficile, et les fautes qu'il commettra en
« s'en servant l'énerveront entre ses mains. »

Et ces provocations machiavéliques aux conspirations
et aux attentats qui « se cachent sous des opinions,
« se résument et se métamorphosent en idées, quand
« il est si aisé de se former une croyance qui leur prête
« son concours» ; ces appels nécessaires et indirects à
la suppression de la liberté de la presse qui en est le
plus ardent foyer, lancés par un homme qui, dans
les brochures de la société *Aide-toi, le ciel t'aidera*, faisait, de la demande de toutes les libertés qu'il refusera
de donner quand ils les aura dans les mains, un instru-
ment de sape et de démolition, avaient-ils au moins
pour excuse l'amour de la vérité contre l'erreur, la
haine de la certitude contre le doute ? Non. La royauté
de 1815, la royauté de droit divin, fut ainsi guerroyée
à outrance, et poussée aux situations extrêmes,

2

parce que, ayant son appui dans le parti de son principe et de son droit, elle s'obstinait, après les essais
malheureux des premiers temps de sa restauration,
à ne pas le demander au parti qui, ne sachant même
pas qu'il y ait des droits et des principes, affirmait
par la bouche de son grand maître que « les droits ne
« sont rien où n'est plus la force de les faire valoir. »
C'est ce parti qui, en religion comme en morale, en
philosophie comme en politique, enseignait l'éclectisme,
lequel, dit Bonald, « n'admettant ni le matérialisme ni
« le spiritualisme, ne niant ni l'un ni l'autre, voulant
« les modifier tous les deux et les compléter, est forcé
« de chercher sa route entre l'ordre et le désordre,
« entre le bien et le mal, entre la monarchie et l'a-
« narchie, et a été introduit par de faibles philoso-
« phes et de faibles politiques qui croient que la
« vérité est un *milieu,* comme la vertu, aussi incapa-
« bles d'éclairer les peuples qu'impuissants à les gou-
« verner. »

Ce jugement porté sur vous à votre origine, par
l'un des plus puissants esprits de la première moitié
de ce siècle, vous ne pouvez plus l'infirmer aujour-
d'hui, ô Doctrinaires! Après la période de quinze années qui vous avait été donnée pour éclairer les peuples, voici, en effet, la période de dix-huit années qui
vous a été donnée aussi pour les gouverner; et les
conspirations attestent votre impuissance de gouvernement dans la seconde période, comme les conspirations, dont vous aviez tenu école, avaient témoigné
de votre incapacité d'enseignement dans la première.

V

Sous la monarchie de Juillet, on conspira parce
qu'il avait été lu sur les barricades un programme
qui avait disparu avec elles le lendemain de leur démolition; — parce que la Charte avait été proclamée
devoir être une vérité, et que dans l'application la
ruse en faisait un mensonge; — parce que la royauté
élue se disait l'émanation de la souveraineté du peuple, et qu'un peuple de plus de trente-cinq millions
d'âmes trouvait, avec raison, que deux cent dix-neuf
députés, sans mandat spécial pour fabriquer un roi,
et nommés par moins de deux cent mille censitaires
privilégiés, n'avaient pu incarner en eux sa souveraineté, ni parler et agir en son nom.

On conspira parce que les lois étaient des décep-
tions légales et les libertés des droits illusoires : car
la loi était toujours l'œuvre des forts, c'est-à-dire des
riches, puisque, par le cens électoral, la force moderne était la richesse, et qu'il était impossible que
les abus de la force fussent réformés par ceux-là
même qui avaient intérêt à les garder.

On conspira parce que ceux qui se sont appelés
eux-mêmes les *Comédiens de quinze ans* avaient dit, durant cette période, pour arriver au pouvoir : « La
liberté c'est l'agitation, la justice c'est le droit commun, l'insurrection contre le souverain de fait est

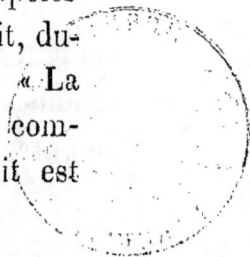

le plus sacré des devoirs , » et qu'ils ne cessaient, au contraire, de dire, depuis qu'ils avaient pris le pouvoir : « La liberté c'est le repos, la justice c'est le droit exceptionnel, le souverain de fait est toujours et essentiellement le souverain de droit. »

On conspira parce que ces langues à deux tranchants avaient menti la veille, ou qu'elles mentaient le lendemain, et que dans l'ordre divin, qui a dit : « Il est nécessaire que le scandale arrive, mais malheur « à celui par qui le scandale arrive! » il y aurait eu injustice et immoralité à laisser ces hommes jouir en paix de leur mensonge du jour, ou de les laisser sans châtiment pour leur mensonge de la veille ; — parce qu'il y aurait eu injustice et immoralité à ce que l'ordre pût sortir du triomphe des théoriciens des conspirations de la période de 1815, sous prétexte que ces agitateurs avaient changé de principes et de théories depuis qu'ils avaient besoin d'ordre pour consolider leur révolution de 1830; parce qu'il est dans l'ordre de la justice éternelle, qui est Dieu, que quiconque a semé les vents ne puisse recueillir que les orages ; parce que à chaque principe il faut son homme, à chaque homme son œuvre ; et que, dans les révolutions, l'homme des premiers temps ne saurait être l'homme des\derniers.... S'il y a Danton aux premiers, aux derniers il y a Bonaparte.

On conspira, parce que les hommes passés de l'attaque contre la monarchie restaurée à la défense de la monarchie élue, ainsi que les hommes qui, dans les oscillations du jeu parlementaire, allaient de l'opposition au pouvoir et du pouvoir à l'opposition , empêchaient, par leurs continuelles métamorphoses, de savoir où était le vrai et le faux, l'honnête et l'immoral, la fidélité et l'apostasie, et qu'ils faisaient ainsi de la France, comme on l'a dit, un enfant sans raison, fantasque, volontaire, convulsif, prêtant l'oreille à tous les bavards, à tous les rhéteurs de Bas-Empire se cramponnant au sophisme et planant majestueusement dans le vide.

On conspira parce qu'il avait été dit : « Nous ne voulons pas de la gloire des armes qui coûte cher à la civilisation, au peuple et aux individus ; nous voulons la paix qui est la mère féconde des gouvernements à bon marché, du développement progressif des forces productives de l'homme et de la société, d'une répartition plus équitable des charges et des produits ; » et que, malgré de si sages paroles, la honte sous les armes, qu'un maréchal de France appela « *une halte dans la boue,* » coûtait, bon an mal an, trois cents millions de plus que la gloire par les armes n'avait jamais coûtée, aux jours même où nous en avions eu le plus, sous l'Empire ; — parce qu'en pleine paix, mendiée à genoux à toutes les frontières, le commerce mourait d'inanition et l'industrie de pléthore.

On conspira parce que la classe qui avait trouvé légitime et sainte la lutte séculaire, soutenue par le peuple, à ses instigations, contre le monopole des droits et priviléges de l'aristocratie conquérante de château-fort, qui avait dit : « Nulle terre sans sei-« gneur ! » marchait à son tour avec des lois faussées et des libertés fictives, forces de la peur et de la ruse, à la constitution d'une aristocratie financière et industrielle de coffre-fort, qui disait, elle aussi : « Nul travail sans banquier ! »

On conspira parce que, après avoir dit qu'il n'y avait de vrai que les intérêts, on abandonnait les intérêts à la lutte sauvage du *Laissez faire, laissez passer*, où le fort ruine le faible ; où, comme l'enseignait le comte Rossi, l'économiste de la Doctrine : « Si la con- « currence peut animer l'offre du travail, elle n'anime « jamais la demande ; où celui qui s'arrête un instant « est écrasé par la foule qui le suit au pas de course ; « où rejoindre celui qui précède, le fouler aux pieds « et passer outre, c'est l'effet constant de l'indus- « trie, c'est sa loi, c'est sa vie ; » où, selon Adolphe Blanqui, « le vaincu faisait faillite sans que le vain- « queur fît fortune, » et où le faible, n'ayant plus qu'à se venger ou à mourir, était placé entre l'insurrection et le suicide.

On conspira parce que, entraînant la société dans des guerres mesquines de portefeuilles, on détournait son attention et ses épouvantes d'un intérêt immense qui s'appelle le travail, et d'une plaie profonde qui s'appelle le paupérisme, sorte de fonds commun des nations modernes que la civilisation a créé, et qu'elle abandonne dans sa marche, ne sachant lui donner pour remède que l'aumône et la prison, celle-ci commençant où celle-là finit ; — parce que, avec la subordination absolue du travail au capital, l'accroissement de la richesse et de la misère, de l'instruction et de l'immoralité marchait sur deux lignes parallèles ; — parce que le publiciste, dont la France a fait son empereur, était en droit d'écrire : « La misère fait tous les jours des progrès en France.

« — La rétribution du travail est abandonnée au ha-
« sard et à la violence : c'est le maître qui opprime,
« ou l'ouvrier qui se révolte. — Sans organisation, sans
« droit, sans avenir, la classe ouvrière est comme un
« peuple d'ilotes au milieu d'un peuple de sybarites.
« — N'ayant ni règle, ni organisation, ni but, machine
« qui fonctionne sans régulateur, véritable Saturne du
« travail, l'industrie dévore ses enfants et ne vit que
« de leur mort. »

VI

Quand vous aviez le pouvoir, c'est contre vous, Doctrinaires, que ces conspirations étaient menées ; et
alors vous leur opposiez les implacabilités du canon et
les sévérités de votre Cour des Pairs. Quand vous
étiez tombés du pouvoir dans l'opposition, c'est vous
qui, par vos coalitions et vos intrigues, leur prêtiez
la force de l'occasion, de l'exemple et des conséquen-
ces suprêmes de votre logique.

Les scandales en ce genre avaient été si grands parfois, aux yeux de ceux-là mêmes qui étaient les moins
faciles à se scandaliser, que le *Journal des Débats*, l'un
des vôtres la veille, et qui s'attendait bien à le rede-
venir le surlendemain, ne put s'empêcher de s'écrier
entre ces deux portes ouvertes sur sa chère servitude :
— « Il n'est pas permis à un homme comme M. Guizot
« de se jouer de ses principes et de son talent. » —
« Vous avez détruit la foi que le pays avait en vous,

« la confiance que vous inspiriez aux opinions sages,
« aux intérêts sérieux; voilà le mal irréparable que
« vous avez fait. » — « La couronne vous a laissé de
« côté, il faut qu'elle s'en repente. » — « Où donc est
« l'article de la Charte qui porte que le roi ne sera roi
« qu'à la condition de vous avoir pour ministre?... » —
« Pourquoi donc tel membre de l'opposition de droite
« se modérerait-il, quand M. Guizot semble vouloir
« égaler en amertume et en violences les plus funestes
« célébrités de l'opposition de gauche? » — « M. Guizot
« a tenu un langage qui a scandalisé, nous dirons pres-
« que l'opposition elle-même... »

Et comme le scandale et le courroux allaient chaque
jour s'éperonnant l'un l'autre, le *Journal des Débats*
s'échauffa jusqu'au paroxysme de l'indignation; et,
pour n'en pas être étouffé, il vous décocha son suprême dédain dans cette superbe apostrophe : « Vous
« aurez peut-être notre concours, mais jamais notre
« estime. » Ce qui, soit dit en passant, devait toucher
peu des hommes qui savaient fort bien où prendre la
clef des apaisements, et qui professent pour maxime
de morale sociale, que « L'honnête est essentiellement
« distinct de l'utile. »

Malheureusement pour vous, en effet, pour la couronne à laquelle vous imposiez vos services, et pour le
Journal des Débats lui-même, la clef des apaisements
fut retrouvée, le concours annoncé fut donné (avec ou
sans estime, là pour vous et pour lui n'était pas la
question), et huit années durant vous fûtes la person-
nification de cette incapacité, de cette imprévoyance,
de cette inertie de gouvernement que vous aviez retra-

cées en ces termes dans votre livre *De la peine de mort :*

« Je ne suppose pas qu'il se rencontre jamais un
« pouvoir qui ne s'inquiète point du succès défini-
« tif, et n'aspire qu'à retarder sa perte. En fait, cela
« n'est point ; car si, au bout des voies qu'il suit, un
« gouvernement démêlait sa perte assurée, il en sorti-
« rait aussitôt. Ce qu'il s'en promet, c'est vraiment le
« salut : que s'il était *assez égoïste ou assez léger pour*
« *ne se soucier que du présent, je lui conseillerais encore*
« *de prendre garde. Il a pu jadis se livrer à cette indif-*
« *férence et compter sur un long ajournement ; mainte-*
« *nant tout va vite, d'autant plus vite que la société pa-*
« *raît plus calme et ne trahit guère d'avance, par ses*
« *agitations, la force immense qu'elle pourrait dé-*
« *ployer un jour.* Les approches de la révolution n'é-
« chappaient point à l'inerte prévoyance de Louis XV.
« Si de nouvelles révolutions étaient jamais encore plus
« prochaines, peut-être se feraient-elles moins sentir
« sous les pas du pouvoir. *Il aurait donc tort de se*
« *contenter du provisoire, car le provisoire même serait*
« *court et peu sûr.* »

Malgré cette science théorique des résultats funestes
de l'unique souci du présent, de cette indifférence qui
compte sur un long ajournement dans une société qui
va d'autant plus vite qu'elle paraît plus calme ; malgré
l'exemple de la Restauration renversée par une révolution qui s'était fait peu sentir sous les pas du pouvoir, vous conduisîtes, durant les huit années de votre
ministère, les affaires de votre roi et de votre pays de
telle sorte, que vous contentant du provisoire que vous
saviez pourtant si bien être court et peu sûr, vous

fûtes à votre tour poussés à cette situation que vous
avez si bien décrite, d'un « *pouvoir à demi vaincu quand*
« *le public juge qu'il a tort, qui est timide et qui fait*
« *des fautes quand l'opinion qu'il combat l'envahit lui-*
« *même.* » Alors il vous fut fait comme vous aviez fait :
on s'aida et le ciel aida ; vous aviez conspiré, on
conspira ; hommes du centre droit, vous vous étiez
coalisés avec le centre gauche et les partis extrêmes ;
les hommes du centre gauche et des partis extrêmes se
coalisèrent à leur tour contre vous et le centre droit. Et
on marcha rondement à l'assaut, sous la garde et conduite d'un tacticien qui avait été votre complice, aussi
habile que vous en théorie, non moins consommé en
pratique, et qui sur vos doctrines éclectiques avait
greffé cet axiome révolutionnaire : « Il faut toujours,
« quand on veut faire une révolution, déguiser l'illégal
« autant qu'on le peut ; se servir des termes d'une
« constitution pour la détruire, et des membres d'un
« gouvernement pour le renverser. »

Le conseil de M. Thiers parut bon, il fut suivi, et
le 23 février 1848 un journal, qui n'était resté auprès
de vous que pour vous forcer à marcher, *la Presse*
s'écriait avec un dédain courroucé : « La majorité n'a
« pas voulu que le ministère tombât dans la chambre,
« il tombe dans la rue ; la majorité n'a pas voulu que
« le ministère tombât, disait-elle, dans la boue, il
« tombe dans le sang. »

Doctrinaires, c'était trop de moitié !

VII

Le maître de la Doctrine a raison : « L'on tombe toujours du côté où l'on penche. » Et c'est vous et lui, bien certainement, ô Doctrinaires ! que, près de descendre dans sa fosse, Chateaubriand entrevoyait, dans les illuminations de son génie, le jour où il écrivait : « Quand on a assez de lumière pour s'apercevoir qu'on « se trompe, et trop de vanité pour en convenir, au « lieu de retourner en arrière on s'enfonce dans ses « propres erreurs ; c'est la marche et la consolation de « l'orgueil. »

Une année à peine s'était écoulée depuis le naufrage d'un trône et d'une dynastie dans le sang du boulevard des Capucines et de la place du Palais-Royal, et déjà les auteurs et les complices de ce grand sinistre, épaves oubliées par l'indifférence populaire, erraient sur la rive, lisant aux passants un manifeste où étaient formulés les retours de leur ambition et l'espoir de prendre, par leurs moyens ordinaires de la conspiration et de l'intrigue, la revanche de ce qu'en 1849, sous le coup immédiat de l'enseignement, ils appelaient encore une *catastrophe;* mais qu'aujourd'hui, dans la magnifique infatuation de leur oublieuse vanité, ils n'appellent plus qu'une *surprise...*

Oui, une surprise ! comme est celle des insensés qui, gorgés d'ivresse, s'obstinent à dormir au bord d'un abîme et ne s'éveillent qu'en tombant.

Nous savons pourquoi on a conspiré sous la mo-

narchie de 1815, pourquoi on a conspiré sous la monarchie de 1830. Au fond de tous ces désordres par la guerre occulte et par la guerre ouverte, par la guerre des pamphlets, par la guerre des rues et par le régicide, il y avait, vraies ou simulées, mais toujours affichées, des aspirations et des promesses d'avenir, des épouvantes et des haines du passé. Et cependant, sur eux, si sérieux qu'ils parussent, allaient tomber, pour en amoindrir la superbe importance, ces paroles du prophète des *Mémoires d'outre-tombe* : « Nos débats actuels paraîtront des luttes pué-
« riles aux yeux de la postérité. L'époque où nous
« entrons est le chemin par lequel des générations
« fatalement condamnées tirent l'ancien monde vers
« un monde inconnu. »

Si hésitante, si impuissante, si pauvre qu'on soit en droit de la dire, dans ses actes, dans ses idées et dans ses hommes, la république de 1848 n'en a pas moins été une de ces marches en avant, qui marquent les étapes de la grande Révolution de l'humanité allant à son terme. Que lui voulaient donc les ambitions et les intrigues de la Doctrine? Que veulent-elles aujourd'hui encore (et nous avons payé le droit d'en parler, à nos heures, avec indépendance), que veulent-elles au pouvoir actuel qui, pour ne pas la leur livrer en se livrant, a été réduit à la couvrir de ce manteau de la dictature que plus de huit millions de suffrages ont converti en manteau d'empereur?

Ce que les ambitions et les intrigues de la Doctrine voulaient à la république, ce qu'elles veulent au pouvoir actuel?... le voici.

Dans son manifeste de compétition à l'empire, publié en 1849, sous le titre *De la démocratie en France*, le maître de la Doctrine disait : « La paix intérieure, « la paix entre toutes les classes de citoyens, la paix « sociale, c'est le besoin suprême de la France, c'est « le cri de salut ! » Et pour empêcher cette paix intérieure, sous la république, la Doctrine s'agitait ! Pour empêcher la paix sociale de se faire entre toutes les classes de citoyens, la Doctrine faisait appel à la reconstitution de classes prédominantes et prépondérantes, sous la république de l'égalité des droits ! Pour qu'il fût démontré que la république ne pouvait, en donnant la paix intérieure, la paix sociale, répondre au cri de salut, la Doctrine conspirait ! Par le vrai et par le faux, par les probabilités et par les chimères, elle ravivait l'esprit de parti chez tous ceux dont l'avénement de la république avait inquiété la position ou troublé la quiétude ; car elle sait bien, la Doctrine que « Le salut de tous, comme l'a dit Mirabeau, est dans « l'harmonie sociale, et l'harmonie sociale ne s'éta- « blit que sur l'anéantissement de l'esprit de parti. »

La Doctrine conspire encore aujourd'hui, parce que, dans ce même manifeste de compétition à l'empire, le maître disait : « Savez-vous comment un gouverne- « ment démocratique *ou autre* proclame et prouve sa « victoire quand elle est réelle et définitive ? *En réta- « blissant la paix ; à ce signe seul vous aurez vaincu.* »

Or les hommes de la Doctrine ont été, plus de trente années durant, les fauteurs, les arrangeurs, les détracteurs tour à tour et les complices de ces luttes puériles dont la postérité doit se moquer. Ils avaient

eu les dix-huit années de la monarchie élue, pour
exhiber et mettre en œuvre tout l'avenir de pacifica-
tion sociale qui aurait pu être renfermé dans leur
passé théorique de quinze ans sous la monarchie
traditionnelle ; — et Lyon deux fois mitraillé, pour toute
réponse au cri sinistre des ouvriers sous le drapeau
noir : « *Vivre en travaillant ou mourir en combattant !* »
— les barricades et le canon du cloître Saint-Merry ;
— la razzia de la rue Transnonain ; — les échauffou-
rées et les incendies de la Vendée ; — les désordres
ensanglantés de Clermont et de Toulouse contre la
mesure si impopulaire et si mal exécutée du recense-
ment, qui compromit l'armée, la magistrature,
l'administration dans la personne d'un officier général, d'un procureur général, d'un préfet, et qui pro-
voqua la censure et l'abandon du *Journal des Débats*
lui-même ; — tant de régicides coup sur coup ; — tant
de lois de compression, d'intimidation, de disjonction,
de déportation, de non révélation, et de jugements de
complicité morale, ont prouvé que la monarchie de
Juillet, conduite par la Doctrine, n'avait ni proclamé,
ni prouvé sa victoire ; que sa victoire n'était ni définitive ni réelle ; qu'elle n'avait pas rétabli la paix en
France, la paix à l'intérieur, la paix sociale, en un mot,
qu'elle n'avait pas vaincu !

Or, s'il est vrai, comme l'a écrit M. Guizot, « que
« tout peuple qui a fait une révolution n'en surmonte
« les périls et n'en recueille les fruits que lorsqu'il
« porte lui-même sur les principes, les intérêts et les
« passions qui l'ont causée la sentence du jugement
« dernier séparant le bon grain de l'ivraie, et le fro-

« ment de cette paille destinée au feu ; » s'il est vrai, comme l'a écrit encore le maître de la Doctrine, que « tant que ce jugement n'est point rendu, c'est le « chaos, et que le chaos, s'il se prolongeait au sein « d'un peuple, ce serait la mort ; » si tout cela est vrai, il est certain que la révolution de Février a été la sentence du jugement dernier portée par le pays sur les principes, les intérêts, les passions, et par surcroît, sur les hommes de la révolution de 1830, appendice stérile de la révolution de 89. Il est certain aussi que cette sentence se trouve formulée en ces paroles par lesquelles Chateaubriand, dans ses *Mémoires d'outre-tombe*, a caractérisé le monde du temps où il les a écrits, « le monde sans autorité consacrée, » qu'il dit être placé « *entre deux impossibilités, l'impossibilité du passé, l'impossibilité de l'avenir.* »

Hé bien ! cette paix qu'elle n'a pu rétablir, la Doctrine n'a pas voulu que la république l'établît, et elle ne veut pas que l'Empire l'établisse. Cette victoire, que la Doctrine n'a pu ni proclamer ni prouver comme définitive et réelle, elle n'a pas voulu que la république la proclamât et la prouvât, et elle ne veut pas que l'Empire la proclame et la prouve. Ce signe, auquel un gouvernement reconnaît qu'il a vaincu, elle n'a pu le déployer au monde comme le *labarum* de son triomphe ; elle n'a pas voulu que la république le déployât, et elle ne veut pas que l'Empire le déploie davantage. La France, comme le disaient *les Débats* en 1839, ne veut pas des Doctrinaires pour ministres, « il faut que la « France s'en repente ! »

Et voilà pourquoi, Doctrinaires, vous avez conspiré

sous la république !... Et voilà pourquoi vous conspirez sous l'Empire !

VIII

Oh ! il faut le dire avec Chateaubriand : « Les partis
« sont implacables, plus implacables que les individus,
« parce qu'ils réunissent en eux plus de passions et
« qu'ils sont moins responsables. »

Il faut le dire aussi avec M. de Lamartine : « On
« peut attendre un acte de désintéressement sublime
« d'un homme vertueux, jamais d'un parti en masse.
« Les actes héroïques viennent du cœur, et les partis
« n'ont pas de cœur ; ils n'ont que des intérêts et des
« ambitions. Un corps, c'est l'égoïsme immortel ! »

Ainsi, vous voilà, vous, les hommes de la Doctrine,
à peine échappés de la tempête que vous aviez sou-
levée ; vous voilà, aujourd'hui comme en 1849, qui
vous mettez encore à provoquer de nouveaux orages
au sein de ce pays que vous aviez poussé à l'abîme,
qui s'efforçait et s'efforce d'en remonter à grand'peine
les parois, et qui, pour toute vengeance cependant,
vous avait couverts, comme il vous couvre encore,
vous ses conducteurs inhabiles, de son silence et de
son oubli. Sans vergogne aucune, oublieux ou dédaigneux des questions d'intérêts, de principes et de
personnes qui vous séparent des légitimistes, vous les
appeliez à être vos complices dans votre œuvre de sape
et de mine recommencée contre les gouvernements

que, dans sa pleine et entière liberté, la France s'est
donnés.

Mais le légitimisme, le vrai légitimisme, celui qui est
formé des royalistes d'observance religieuse et de foi
dynastique, est, il faut le dire, un parti de loyauté, de
conscience, de traditions, de désintéressement, d'autorité, de gouvernement, de fidélité, de courage, d'hon-
neur, de sens moral. Il ne veut pas, il ne sait pas,
pour se relever de sa ruine, ni dissimuler, ni passer à une teinture en détrempe, ni traîner dans les
fanges de l'hypocrisie et du mensonge d'ambitions
coalisées son drapeau, son principe, sa foi. Il n'est
pas de ceux qui croient qu'un parti qui se respecte,
puisse honorablement jouer le rôle de marchepied pour
des turbulences avides, et servir d'appoint à une coalition de toutes les passions mauvaises, de toutes les
idées fausses, de toutes les opinions extrêmes, de
toutes les ambitions sans aveu; car il sait, lui, ou
du moins il croit savoir, si vous ne le savez pas (ainsi
que votre maître l'avouait en 1849), qu'il ne se débat
point, comme la société de votre Milieu révolutionnaire,
au sein d'un chaos où « rien n'est bien, rien n'est mal,
« rien n'est faux, rien n'est vrai, rien n'est chimé-
« rique, rien n'est possible, rien n'est salutaire, rien
« n'est funeste. »

Chaque fois que vous vous agitez autour de lui,
l'accablant de vos protestations, de vos promesses,
de vos retours, de vos rapprochements possibles
dans une idée commune, pour un but commun, il a
une voix intérieure qui lui répète le mot célèbre de

Charles Ier d'Angleterre montant à l'échafaud de Withe-Hall : *Remember !*... Et il se souvient !

Il se souvient que ses rois sont séparés des vôtres par un échafaud, par une usurpation, par une citadelle ; par ces trois crimes de famille qui ont nom Louis XVI, Charles X, duchesse de Berry.

Il se souvient que vous, les faux Pierre l'Ermite du pèlerinage de 1858, auprès des représentants du principe de la double usurpation de 1830, sur la souveraineté qui vient de Dieu et sur la souveraineté qui vient du peuple ; vous, les parodistes sans croyances du mot fameux : *Madame, votre fils est mon Roi !* vous avez *flétri*, le 27 janvier 1844, comme *manifestations coupables*, son pèlerinage à Belgrave-square auprès du dernier héritier des soixante rois de son principe de la légitimité de droit divin.

Aussi, tandis que le pouvoir contre lequel la Doctrine conspire aujourd'hui, et qui appuyé à son tour sur son principe de la souveraineté populaire, ne s'étonne ni ne s'émeut des pérégrinations et des provocations en lesquelles l'Orléanisme témoigne de ses regrets pour les morts qui éclaircissent, à coups pressés, les rangs de sa dynastie, l'un des écrivains les plus honorés du légitimisme vient-il de répondre au journal doctrinaire qui glorifiait la duchesse d'Orléans d'être *morte en faisant son devoir :*

« Ainsi, s'est écrié M. H. de Lourdoueix, dans la *Ga-*
« *zette de France*, ainsi c'était faire son devoir que d'é-
« lever ses enfants dans l'esprit d'usurpation, de les
« maintenir en état de révolte contre leur pays qui avait
« détruit, en 1848, ce prétendu droit fondé en 1830 sur

« le vote de 219 députés censitaires, sans droits eux-
« mêmes, sans aucun mandat de la nation! C'était un
« devoir pour une princesse de perpétuer la rébellion
« et la division au sein d'une famille dans laquelle un
« mariage l'avait introduite, sans autre excuse dans
« son obstination qu'un testament impie et insensé
« qu'elle-même avait déchiré, quand elle vint à la
« chambre des Députés demander la régence que ce
« testament lui avait formellement interdit d'exer-
« cer!... »

Le légitimisme se souvient surtout, — et pour ceci
encore tout rapprochement est plus impossible vraiment, car pour la foi sincère, les transactions admis-
sibles parfois sur les personnes, ne dégénèrent jamais
en concessions sur les principes; — le légitimisme se
souvient que, séparé des orléanistes par des antipathies
de personnes, il l'est par une divergence absolue de
principes plus encore. Pour le maître de la Doctrine,
en effet, « La légitimité est évidemment un droit
« fondé sur l'ancienneté, sur la durée. La priorité
« dans le temps est invoquée comme la source du
« droit, comme la preuve de la légitimité du pouvoir...
— « Il est impossible, dit ailleurs M. Guizot, dans son
« *Histoire de la civilisation en Europe;* il est impossi-
« ble de ne pas reconnaître que la force a souillé le
« berceau de tous les pouvoirs du monde, quelles
« qu'aient été leur nature et leur forme. »

Non, Monsieur, non! pour la raison légitimiste, ce
n'est point à l'ancienneté que la légitimité prend sa
source; c'est dans le droit divin; et le droit divin prend
la sienne dans l'hypothèse d'une révélation surhu-

maine. Or, pour les légitimistes, la révélation n'est point la force ; la révélation est la sanction divine qui constitue le droit. Vous-même, Monsieur, vous en convenez. Ne déclarez-vous pas plus loin que le fait seul de la négation de la force pour origine, de la part de tous les pouvoirs, prouve que l'idée de la force n'est pas le fondement de la légitimité politique, laquelle repose sur une tout autre base ? et, selon vous, cette base serait la légitimité de la raison, de la justice, du droit.

L'heure viendra où nous vous dirons : C'est fort bien ! mais où est la démonstration et la sanction de cette légitimité de droit, de raison et de justice ? En toute vérité, vous n'en savez pas le premier mot.

C'est pour toutes ces causes, et pour quelques autres d'une moindre portée, que le manifeste des Pitt et Cobourg de 1849 n'eut pas de succès. Le légitimisme refusa la main que, dans leur manifeste, les modernes Brunswick de l'intérieur lui tendaient en signe d'alliance contre la république. N'étant pas aveuglé par ces ambitions folles de prise de possession immédiate, dont on a dit qu'elles croient vrai tout ce qu'elles désirent, il comprenait, à la marche des choses et à la signification non équivoque de l'élection du Dix décembre, que le vote populaire avait été une revanche des deux invasions de l'étranger, une protestation contre les hontes récentes de *La paix à tout prix*. Il pressentait de reste que si la république, minée par les intrigues du monarchisme, devait tomber un jour, elle tomberait, dynastie pour dynastie, non plus au profit de celles que le peuple avait, par trois révolutions,

chassées de son sein, mais pour le compte de la dynastie à la chute de laquelle il n'avait pas mis la main ;
dont le chef, selon M. Guizot, disait sans cesse : Qui a
« été élu comme moi par quatre millions d'hommes ?
« Qui est comme moi le représentant du peuple ? »
et que, seules, les baïonnettes de l'étranger étaient ve-
nues renverser dans les trames de la trahison, et
dans les humiliations de la conquête.

IX

Oui, Chateaubriand ! oui, Lamartine ! idoles et jouets
tour à tour des partis, abreuvés d'absinthe ou enfumés
d'encens, couronnés d'épines ou chargés de lauriers ;
oui, vous avez dit vrai : oui, les partis sont implacables ;
oui, les partis n'ont pas de cœur ; oui, ils n'ont que des
intérêts et des ambitions ; oui, ils sont l'égoïsme immortel.

Les rois comme les peuples, qu'ils perdent également
par leurs révoltes ou par leurs flatteries, sont
leur propriété, leur chose ; ils en sont les maîtres, non
les sujets ; ils ne les servent pas, ils s'en servent.

— Que fais-tu, adolescent que nous saluons roi ? tu
pleures, agenouillé devant le corps de ta mère, à peine
refroidi dans son sépulcre scellé d'hier ? Allons, de-
bout ! sèche ton deuil, arrange tes sourires. Voici venir à toi les *Satisfaits* du règne de ton aïeul, les es-
compteurs de la régence de ta mère, tous les déconfits
de la révolution dans laquelle a disparu le trône qu'ils

t'avaient promis et dont ils étaient les conseillers, les
ministres et les courtisans. Laisse-toi prendre dans
leurs bras; ils vont te montrer à la foule; ils veulent
battre la grosse caisse avec ton esprit, ta jeunesse, ta
douleur, tes espérances, tes prétentions!... Cela te
consolera de la mort de ta mère.

— Peuple, que fais-tu dans tes ateliers, dans ton travail, dans ton repos, dans ta famille, dans ton attente,
dans ta résignation, dans le souvenir de tes mécomptes
révolutionnaires?... Dehors! dehors! nous avons besoin
de toi, de tes agitations, de tes grondements, de tes
colères, de tes menaces, de ton chômage, de ta faim.
Nous sommes tes guides, tes éclaireurs, tes amis, tes
chefs! Nous t'avons toujours trompé, toujours perdu,
il est vrai; mais cette fois sera la bonne, nous te sau-
verons, suis-nous!

— Princes, vos ennemis vous ont dit : Il y a dans
votre vie un jour où le devoir l'a emporté sur l'ambition,
où votre patriotisme a eu raison de votre vaillance;
c'est le jour où vous avez cédé à la volonté de la nation
qui venait de changer en république la monarchie que
vous serviez par votre intelligence et par votre courage. Ce jour-là vous avez bien mérité de votre pays,
en renonçant à vous servir de vos soldats pour lui déchi-
rer les entrailles, à faire un appel à la guerre civile
pour tâcher de reprendre dans le sang la couronne de
votre père, que ses ministres avaient laissée tomber
dans la boue. — Hé bien! aujourd'hui, nous vous disons, nous, vos amis : On vous trompe; méprisez, éloi-
gnez de vos rêves le fruit honteux de cette intelligence,
de ce devoir rempli, de ce mérite, de ce patriotisme!

Il nous faut vos noms, et au besoin votre épée, pour jouer la revanche de la partie que nous avons perdue ; pour venger la chute de votre couronne, la perte de nos portefeuilles.

Nous vous avons amoindris, sans doute, en vous exposant déjà aux dédains et aux refus des partisans du chef de la race royale dont vous êtes la branche cadette et usurpatrice ; la fusion de l'orléanisme avec le légitimisme est tombée dans le ridicule de l'impossibilité, cela est vrai ; mais notre éternel travail de coalition, nous venons de le reprendre avec les Républicains modérés, *les habiles!*

Doctrinaires comme nous, bourgeois comme nous, sans préjugés comme nous, tous ces Républicains-là n'ont ni les scrupules, ni les antipathies personnelles, ni les divergences absolues de principes qui caractérisent les légitimistes. Entre le Conservateur-borne et le Républicain modéré, il n'y avait autrefois que l'opposition dynastique ; et l'opposition dynastique vient s'offrir à vous pour servir de trait d'union. Entre le suffrage universel dont les Républicains modérés n'ont guère jamais voulu, dont ils ne veulent plus depuis qu'il s'est tourné contre eux, et l'adjonction des capacités dont nous ne voulions pas quand nous étions les maîtres de dire : « Nul n'aura de l'esprit que nous et nos amis, » il y a place pour les tours de gobelet du suffrage restreint qui nous mettra d'accord. Les mitrailleurs des ateliers nationaux en 1848, peuvent bien, sans déroger, donner la main aux mitrailleurs des canuts de Lyon en 1834.

Il est vrai qu'ils ont mené contre nous la *Révolution*

du mépris ; mais il est vrai aussi que nous leur avons riposté que : « Sincères ou pervers, utopistes aveugles « ou anarchistes volontaires, tous les républicains « étaient des perturbateurs de l'ordre social. » Ils nous ont honteusement chassés, c'est encore vrai ; mais non moins honteusement à leur tour, ils sont forcés de nous rappeler. Injure pour mépris, soumission pour révolte, restauration pour expulsion ; nos comptes sont réglés, nous nous donnons quittance mutuelle.

Du reste, entre nous, même amour de la distinction et de la prépondérance des classes ; même foi dans le catholicisme du Veau-d'or ; même admiration pour les fictions légales ; même respect pour le droit de la force ; même fétichisme parlementaire ; même subordination exclusive de l'ordre aux lois pénales, et de la liberté aux lois électorales ; même recherche apparente du progrès, et même volonté réelle de l'immobilité ; même passion pour les menées et l'intrigue ; même austérité de langage, et mêmes accommodements de conduite ; même empirisme de la charité pour conserver le paupérisme ; mêmes sophismes pour la matérialisation de l'homme par la constitution de la valeur ; mêmes principes d'économie politique pour que l'impôt pèse éternellement sur le travail ; même haine systématique de tout ce qui, par le mot ou par la chose, de près ou de loin, touche aux questions sociales ; même épouvante du peuple et de son émancipation, de sa liberté et de ses droits ; même inintelligence de ses agitations et de son calme, de son silence et de ses murmures, de sa tristesse et de ses joies, de ses aspirations et de ses besoins.

Princes, vous le voyez, orléanistes et républicains modérés, plus rien d'essentiel ne nous sépare désormais en politique et en sociabilité. Montrez-vous donc, parlez! soyez les Lafayette d'un nouveau duc d'Orléans, prenez-le dans vos bras, pressez-le sur votre cœur, et scellez l'alliance en promettant à votre tour, du haut de vos fenêtres de Claremont, qu'*un trône entouré d'institutions républicaines sera désormais une vérité.*

Qu'y a-t-il de réel et de menaçant dans ces turbulences de ministres déchus, de fonctionnaires en disponibilité, de secrétaires de commandements sans emploi, de parlementaires et de constituants en retraite?

A voir la quiétude un peu dédaigneuse du pouvoir qu'elles ont la prétention de troubler, et qui ne rue pas contre leurs manifestations et leurs chapelles, les foules que, pour inquiéter les manifestations légitimistes en pareille circonstance, l'Orléanisme de 1830 poussa contre Saint-Germain l'Auxerrois et de là au sac de l'Archevêché, ces turbulences doivent passer par-dessus la tête du pouvoir.

S'il est vrai, comme le dit M. Thiers, que « la multitude se range toujours derrière les agitateurs, » il semblerait, à la parfaite indifférence de la multitude, que les vents agitateurs de la coalition orléano-républicaine n'ont pas même la puissance d'en rider la surface.

Mais entre le pouvoir et la multitude, dont l'un est fort de son principe, l'autre de la force qu'elle donne et de la certitude que, désormais, rien de définitif ne se peut faire sans son aveu, il y a le milieu social d'où partent tous ces bruits et où tous ces bruits retournent; qui les invente par esprit de fronde, et qui les propage par désœuvrement; qui s'amuse à se faire peur, parce qu'il aime à se sentir protégé; qui évoque volontiers les orages, mais qui voudrait bien ne pas les entendre gronder; qui est féroce d'autorité et crie à l'anarchie quand il voit agir la la liberté, mais qui est furieux de liberté et crie au despotisme quand l'autorité est à l'œuvre. Race oublieuse des hommes et des choses du passé, querelleuse des hommes et des choses du présent, crédule aux hommes et aux choses d'avenir, prenant l'ingratitude pour l'indépendance, toujours prête à se venger de ceux qui l'ont sauvée hier, en prêtant l'oreille aux discours de ceux qui l'ont perdue la veille.

C'est pour ces sortes de *Gens d'entre-deux* qu'il est bon, ce nous semble, de rappeler ce qu'ont été ces hommes et ces choses du passé, vivants encore et au nom desquels on les trouble, on les agite, on les passionne, on les inquiète, on les aveugle de miroitements rétrospectifs pour les faire se prêter à quelque expérimentation nouvelle de personnes et de choses éprouvées déjà, et qui ont été mises au rebut en divers millésimes.

Or, selon Franklin : « L'expérience tient une école « où les leçons coûtent cher ; mais, ajoutait l'ancien « libraire de Boston, c'est la seule où les insensés peu-« vent s'instruire. » — Selon M. Guizot : « L'expérience « est une flamme qui n'éclaire que ceux qu'elle consume. » — Et, après avoir fouillé les abîmes où se sont accumulées nos trois dernières révolutions, M. de Lamartine a dit : « Les expériences des peuples sont des ca-« tastrophes. »

Doctrinaires, vous conviendrez que si tout cela
est vrai, tout cela est cher. Nous voudrions donc
bien vous prier de renoncer à nous envoyer de nouveau à l'école des insensés, puisque la catastrophe, ou
si vous y tenez, la *surprise* dont parle M. Cousin dans
sa récente préface du *Grand Cyrus,* a été notre der-
nière leçon. Ne serait-il pas sage à nous, pour vous
dispenser de nous en donner une autre, de montrer
que la flamme qui vous a consumés le 24 février ne
vous a été d'aucun éclairement, et que le mot célèbre :
Rien appris, rien oublié de Napoléon contre les ren-
trants de 1814, va droit aussi à votre adresse, ô naufra-
gés du 24 février, agitateurs et fusionnistes de 1849,
coalitionnistes et conspirateurs de 1858 ?

X

Il était dit dans le manifeste doctrinaire : « Puis-
« que la république sociale parle haut, il faut qu'elle
« soit regardée en face et interrogée à fond. Je vou-
« drais écarter tous les voiles et aller droit au cœur de
« l'idole. » Hé bien ! ce qui était dit du socialisme
en 1849, nous le disons du doctrinarisme en 1858, et
puisque le doctrinarisme conspire, s'il se tait, nous
voulons l'interroger à fond, écarter à notre tour tous
les voiles et aller droit au cœur de cette idole du milieu politique et social.

— « Plus, disait-on encore, j'ai pensé à la situa-
« tion de mon pays, plus je demeure convaincu que

« son grand mal, le mal qui est au fond de tous ses
« maux, qui mine et détruit ses gouvernements, ses
« libertés, sa dignité et son bonheur, c'est ce mal que
« j'attaque, l'idolâtrie démocratique. »

Et nous, Monsieur, nous pensons que le mal, tout le
mal qui, depuis 1815, est au fond des maux de la France,
qui a miné ses gouvernements, ses royautés, sa dignité au dehors, sa sécurité au dedans, c'est le doctrinarisme, c'est l'idolâtrie doctrinaire, c'est vous!

Pour vous, Monsieur, la démocratie, produit provi-
dentiel du travail des siècles, des mœurs et de la vieille
constitution de la France, est le mot sous lequel se
cache le chaos moderne ; pour nous, Monsieur, le chaos
moderne se cache sous les mots doctrinarisme en politique, éclectisme en philosophie, guis parasites nés
d'hier sur la greffe du Libéralisme, branche stérile lui-
même de la Révolution. C'est sous le règne du doctrinarisme et de l'éclectisme, en effet, que vous, Monsieur, vous avez défini notre état social : « *La guerre
dans le chaos;* » et que le publiciste de Ham en a dit
ceci : « Depuis vingt-cinq ans, la France s'épuise en
« efforts pour établir un ordre de choses durable; les
« causes de trouble renaissent sans cesse, et la société
« ne fait que passer tour à tour d'une agitation fé-
« brile à une apathie léthargique. — Corruption d'un
« côté, mensonge de l'autre, haine partout, voilà no-
« tre état! »

Selon vous, aussi, Monsieur, « L'idée démocratique
« est l'idée qui soulève et fomente incessamment la
« guerre au milieu de nous; » et, ajoutez-vous, « c'est
« cette idée funeste qu'il faut extirper. »

Et nous, Monsieur, nous disons : — Ce qui fomente la guerre dans ce pays, aujourd'hui comme depuis quarante ans, ce qui empêche les fatigués de la marche, les blessés de la lutte, les refoulés du point de départ, les impatients du progrès, de se rendre compte des causes de leur fatigue, de leur défaite, de leur temps d'arrêt, de ce qu'il y avait de vrai ou de faux dans leur principe, de ce qui manquait au point d'appui et au levier de l'avenir politique et social ; ce qui les décourage de se remettre en marche, de se frayer un chemin nouveau, de s'assurer des chances meilleures de victoire, de chercher une idée plus vraie pour le progrès et une issue possible à leur point de départ, c'est le doctrinarisme, c'est l'éclectisme : c'est-à-dire le milieu dominant entre le vrai et le faux, entre le bien et le mal, entre l'immoral et l'honnête, entre le vice et la vertu, entre la force et le droit, entre la foi et l'athéisme, entre la légalité et l'arbitraire, entre la liberté et le pouvoir, entre le matérialisme et le spiritualisme, entre les droits du travailleur et les priviléges du capitaliste ;.. c'est l'idée doctrinaire, l'ambition doctrinaire, lesquelles, par frayeur de l'inconnu qui est en avant, veulent refouler la politique et la société vers l'abîme certain qui est en arrière ; et cette ambition, cette idée, il faut qu'elles soient extirpées.

Il faut qu'elles le soient en religion, en philosophie, en morale, en politique intérieure et internationale, en questions de sociabilité, en enseignement, en éducation, en économie, dans tout ce qui fait partie intégrante de l'existence et de la dignité du gouvernement des peuples.

Il faut qu'elles le soient, ô Doctrinaires! parce que
ce n'est pas seulement pour n'avoir rien ordonné,
rien fait quand vous étiez les maîtres du pouvoir et de
l'enseignement de la France, quand vous aviez mission
de la retirer du chemin de la confusion et de la remettre sur la voie où le bien est séparé du mal, le vrai du
faux, le salutaire du funeste, le chimérique du possible, que vous êtes coupables du crime de lèse-jeu-
nesse, de lèse-éducation, de lèse-patrie, de lèse-huma-
nité; vous êtes coupables surtout, parce qu'au lieu
de travailler à dissiper cette confusion des éléments
de l'ordre et des semences de l'anarchie, dont vous
parliez dans votre manifeste de 1849, vous avez con-
tribué à l'accroître; parce qu'au lieu de faire la lumière, vous avez épaissi les ténèbres; parce qu'au lieu
d'enseigner la vérité vous avez propagé l'erreur; parce
qu'au lieu d'asseoir la France de la révolution, dans
l'honnête, dans le moral, dans le juste, dans le possible, vous avez été les plus ardents à creuser l'abîme
d'où s'est élancé le spectre rouge du faux socialisme
impuissant, que vous poursuiviez de vos anathèmes,
et où elle va roulant, entraînée par ce qui est pervers,
ce qui est irreligieux, ce qui est chimérique, ce qui
est matérialiste, ce qui est funeste.

Dans l'ordre de l'éternelle justice, les œuvres de la
pensée humaine concourent à ses desseins par leur
apparition : *Habent sua fata libelli*. *Les Girondins*
réveillèrent partout les souvenirs des grandes luttes
de notre révolution (époque sombre et cruelle parfois,
il est vrai, mais énergique et glorieuse du moins),
précisément à l'heure où le pays ne pouvait plus vivre

avec les hommes de notre époque bâtarde d'un libéralisme bâtard, sans entrailles, comme sans com-
préhension, vaine, bavarde, présomptueuse, rancu-
neuse, lâche et nulle, qui a été à la politique ce
que le protestantisme a été à la religion, et qui n'a
laissé après elle que le vide.

Hé bien! aujourd'hui, où les partis déchus de cette
époque font effort pour nous y ramener, nous venons, nous, donner à la France les preuves de la légitimité de sa révolution de Février et la justifier de leur
chute. Et ces preuves, ô Doctrinaires! nous allons
les prendre en vous-mêmes, en vous seuls, écrites par
vous, professées par vous, dans vos livres, dans vos
chaires, dans vos journaux, quand vous étiez les
princes de la parole, les modèles du style, les maîtres de la science, les chefs du gouvernement, les
orateurs, les historiens, les philosophes, les jour-
nalistes, les économistes, les hommes d'État écoutés,
admirés, applaudis, suivis, au pouvoir comme dans
l'opposition, dans vos luttes pour la marche en avant,
comme dans vos résistances pour le temps d'arrêt
et le pas en arrière.

Tirées ainsi des actes et des écrits de la Doctrine,
ces preuves seront d'autant plus concluantes et d'une
autorité moins récusable, que dans son livre *Des
moyens de gouvernement*, M. Guizot reconnaît, que
« Tout parti a des opinions ou, si l'on veut, des
« préjugés qui le dominent, des intérêts qui le diri-
« gent, des passions qui fermentent dans son sein;
« que c'est par là qu'il se laisse conduire; que ce
« sont là les ANSES par où on peut le prendre, et que

« là résident les moyens de gouvernement qu'il offre
« au pouvoir. »

D'un autre côté, selon le comte de Maistre : « Dans
« tous les pays et dans tous les gouvernements imagi-
« nables, la direction des affaires est à la science. »
D'où la conclusion logique, n'est-ce pas ? que tant va-
lait et tant vaut la science, tant a valu et tant vaudrait
le gouvernement.

Souffrez donc, Messieurs, que nous vous prenions
par vos ANSES ; que nous cherchions quels préjugés
vous dominent, quels intérêts vous dirigent, quelles
passions fermentent en vous, et que, pour le dire au
public, il soit demandé à votre science ce qu'elle a été,
ce qu'elle a valu. Nous connaîtrons ainsi les causes
pour lesquelles, à son jour et à son heure, ce pays
vous a rejeté avec colère, et quels moyens nouveaux
de gouvernement vous apporteriez à la France, si jamais, par impossible, vos menées, vos intrigues, vos
fusions, vos coalitions, vos conspirations, vous por-
taient encore à ce pouvoir d'où, en trois jours, il y a
dix ans, vous êtes si rudement tombés.

FIN DE LA PREMIÈRE AUX DOCTRINAIRES.

LA DEUXIÈME

AUX

DOCTRINAIRES

LES CLASSES PRÉDOMINANTES

Paris. — Typographie de Firmin Didot frères, fils et Cie, rue Jacob, 56.

LA DEUXIÈME

AUX

DOCTRINAIRES

LES CLASSES PRÉDOMINANTES

« La paix intérieure, la paix entre toutes les « classes de citoyens, la paix sociale, c'est le « besoin suprême de la France, c'est le cri de « salut! »

(M. Guizot, *De la Démocratie en France.*)

« Un gouvernement qui s'appuie sur la vo- « lonté des masses n'est l'esclave d'aucun parti. »

(Napoléon III, *à Cherbourg.*)

PAR C. DE FEUILLIDE

PARIS

DUSACQ, LIBRAIRE-ÉDITEUR

RUE SAINT-BENOIT, 25

GARNIER FRÈRES, LIBRAIRES
PÉRISTYLE MONTPENSIER

BESTEL ET Cie, LIBRAIRES
RUE DE LA BOURSE, 17

1858

« Tout écrivain qui se tient dans le cercle

« sévère de la logique ne manque à personne.

« Il n'y a qu'une seule vengeance honorable

« à tirer de lui : c'est de mieux raisonner

« que lui. »

LE C^{TE} DE MAISTRE.

DEUXIÈME AUX DOCTRINAIRES

LES CLASSES PRÉDOMINANTES

« La paix intérieure, la paix entre toutes les
« classes de citoyens, la paix sociale, c'est le
« besoin suprême de la France, c'est le cri de
« salut ! »
(M. GUIZOT, *De la Démocratie en France.*)

« Un gouvernement qui s'appuie sur la vo-
« lonté des masses n'est l'esclave d'aucun parti. »
(NAPOLÉON III, *à Cherbourg.*)

I

— La logique, c'est la raison, c'est la vérité, c'est le
droit, c'est la justice, c'est la lumière. — La logique,
c'est la force naturelle des choses ; elle est à l'idée ce
que la pente est à l'eau : avec la pente l'eau atteint son
niveau ; avec la logique l'idée devient fait, et le fait est
le niveau de l'idée. — La logique gouverne le monde.
— La logique, c'est l'infaillibilité, c'est Dieu ! et Dieu
finit toujours par avoir raison.

Voilà les belles choses que, généralement, on dit de

la logique ; la logique qui les inspire doit donc être
elle-même une bien belle chose. C'est assez notre avis...
moyennant toutefois qu'on nous permette d'ajouter ce
que Figaro disait de la justice : « Quand elle est juste ! »
ou, mieux, ce que le maître de la Doctrine en a dit :
« Pour que la justice soit, il faut qu'elle soit pure. Elle
« ne supporte aucun alliage ; elle s'évanouit tout en-
« tière au moindre souffle étranger. » D'où cette conclusion du maître : « En fait de justice, qu'est-ce que
« l'imperfection, sinon l'injustice même ? »

Ainsi en fait de logique. Si la logique est impar-
faite, elle n'est plus la logique, c'est-à-dire la raison, la
vérité, le droit, la justice, la lumière ; elle est la passion,
c'est-à-dire l'absurde, l'erreur, la violence, l'iniquité,
l'aveuglement.

Malheureusement, suivant le maître de la *Science sociale :* « L'absurde ne blessant que la raison, et la vérité
« blessant la passion, il est bien plus facile de faire
« accepter l'absurde que la vérité. » Qu'est-ce, en effet,
que la raison dans un état social que l'éclectisme politique et philosophique a voué au culte du matérialisme
et à l'idolâtrie du succès, et où tout naturellement,
faute de sanction morale autre que le Code pénal, les
passions dominent ?

Aussi, aux jours du Doctrinarisme enseignant et gou-
vernant, existait-il une infinie variété de logiques, se
gourmant, s'injuriant, se montrant le poing et se tirant
la langue ; ayant toutes, par leur imperfection même,
droit de bourgeoisie dans la presse, dans les écoles,
dans les facultés, à la tribune et dans les conseils de la
couronne.

Il y avait la logique du bon sens, de la raison,
de la vérité, et la logique de la passion, de l'absurde,
de l'erreur; la logique des besoins et des instincts des
gouvernés, et la logique de l'optimisme égoïste des gou-
vernants et des Pangloss du pouvoir; la logique du
capital gros, gras et dominateur, et la logique du travail souffreteux, amaigri et dominé; la logique de l'ambition avide et turbulente, et la logique du devoir calme
et désintéressé; la logique du progrès, dont le maître de
la Doctrine écrivait : « Toutes les politiques vous le
« promettront, la politique conservatrice seule vous le
« donnera, » et la logique de la résistance et de la sta-
gnation, pour laquelle, sous la direction et manœuvre
du même chef de la Doctrine, empêcher de faire ce qu'on
n'avait ni le savoir, ni le pouvoir, ni le courage de
faire, c'était résister, c'était conserver.

Il y avait aussi la logique du privilége des imposés-
électeurs, et la logique du droit commun des imposés-
parias; la logique de la corruption, et la logique de la
moralité; la logique de la couardise, et la logique des
gens de cœur; la logique des ministres subalternisés
par l'étranger, et la logique de l'étranger qui menaçait
de les *faire passer par le trou d'une aiguille;* la logique
du pot-au-feu des peuples, et la logique du grand ban-
quet de l'humanité; la logique de l'intérêt dynastique,
et la logique des intérêts de la France.

Il y avait encore, se prenant parfois aux cheveux, et
parfois aussi se promenant bras dessus bras dessous,
« *jouant toujours le même air* » sur la même flûte parlementaire, sans jamais le jouer mieux malgré leurs prétentions —— la logique Thiers, qui, d'un ton pénétré et

dédaigneux, disait : « Ce gouvernement que j'aime, ce
« gouvernement auquel je suis dévoué, aura la honte
« ineffaçable, si l'on ne prend pas une grande résolution,
« d'être venu au monde pour amoindrir la France ; »
et la logique Guizot, qui, d'un air non moins pénétré et
bien autrement superbe, répliquait : « La paix, partout
« et toujours! la paix à tout prix! » ou bien : « La
« France est assez riche pour payer sa gloire. » Et la
gloire que la France payait cher se nommait : — Main-
tien à Alger, sans *exéquatur*, du consul britannique,
convention de la Taffna, droit de visite, indemnité Prit-
chard, bombardement de Beyrouth, exclusion du concert
européen, rentrée à Toulon de la flotte de Smyrne, traité
avec le Maroc, *La paix règne à Varsovie, La nationalité
polonaise ne périra pas,* etc., etc.

Puis arrivait la logique Tocqueville, qui, à propos de
la curée parlementaire des places, croix, traitements et
fourniments, disait : « La Chambre n'est pas seulement
« à la tête du pays pour faire des lois, mais aussi pour
« donner de bons exemples, et la loi électorale en fonc-
« tionnement est le germe de la démoralisation du
« pays. » Ce qui était confirmé par la légitime colère
de M. Dupin, le procureur général, lequel, tout conseil-
ler intime, avocat intime et ami intime qu'il fût de la
dynastie, se fâchait tout rouge d'être rangé dans *la
tourbe aveugle, absurde et obséquieuse,* laquelle nous pre-
nait vingt-cinq millions pour les donner aux États-Unis
à qui nous ne les devions pas. — Puis encore la logique
Liadières, qui disait : « Si vous adoptez l'exclusion des
« fonctionnaires, on ne travaillera plus pour soi, on
« travaillera pour les siens. » (Dans la Doctrine on appe-

lait cela travailler!) « Ne pouvant plus solliciter pour
« eux, les députés solliciteront pour leur père, leurs
« frères, cousins, arrière-cousins, tenants et aboutis-
« sants. » — Et aussi, non moins naïve et non moins
prophétique, d'une prophétie à courte échéance, la logique Ressigeac, qui s'écriait : « Exclure les fonction-
« naires! c'est marcher à la république ou tout au
« moins à une *monarchie entourée d'institutions républi-*
« *caines.* » Ce qui prouve qu'en ce temps monarchisme

tien à Alger, sans *exequatur,* du consul britanniq
convention de la Taffna; droit de visite, indemnité I
chard, bombardement de Beyrouth, exclusion du con
européen, rentrée à Toulon de la flotte de Smyrne, tr
avec le Maroc, *La paix règne à Varsovie, La natione
polonaise ne périra pas,* etc., etc.

Puis arrivait la logique Tocqueville, qui, à propos
la curée parlementaire des places, croix, traitement
fourniments, disait : « La Chambre n'est pas seulen
« à la tête du pays pour faire des lois, mais aussi p
« donner de bons exemples, et la loi électorale en fe
« tionnement est le germe de la démoralisation
« pays. » Ce qui était confirmé par la légitime co
de M. Dupin, le procureur général, lequel, tout con
ler intime, avocat intime et ami intime qu'il fût d
dynastie, se fâchait tout rouge d'être rangé dans
tourbe aveugle, absurde et obséquieuse, laquelle nous
nait vingt-cinq millions pour les donner aux États-l
à qui nous ne les devions pas. — Puis encore la log
Liadières, qui disait : « Si vous adoptez l'exclusion
« fonctionnaires, on ne travaillera plus pour soi,
« travaillera pour les siens. » (Dans la Doctrine on ap

www.ingramcontent.com/pod-product-compliance
Lightning Source LLC
LaVergne TN
LVHW050303090426
835511LV00039B/1172